AF243225

LES BIENS

DE LA

FAMILLE D'ORLÉANS

REVENDIQUÉS PAR LA NATION

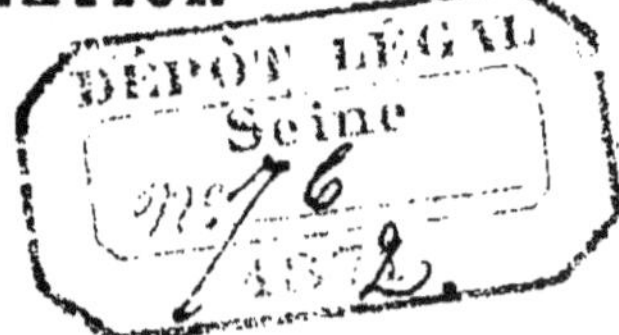

... Un petit sou, s'il vous plaît !
Air connu

50 Centimes

PARIS

COURNOL, LIBRAIRE-ÉDITEUR

20, RUE DE SEINE

LES BIENS

DE LA

FAMILLE D'ORLÉANS

REVENDIQUÉS PAR LA NATION

L'Assemblée nationale vient d'être saisie, par le Gouvernement provisoire lui-même, d'un projet de loi destiné à abroger les décrets du 22 janvier 1872 qui ont restitué à l'Etat les biens de la famille d'Orléans, compris dans la donation du 7 août 1830.

Beaucoup de bruit se fait autour de cette question. Les partisans de l'abrogation font entendre, contre la pensée qui a dicté les décrets de 1852, les réclamations les plus amères. Ils s'attachent, avec une ardeur sans pareille, à démontrer la légalité de la donation consentie, le 7 août, au moment même où Louis-Philippe avait accepté la couronne que deux cents députés, sans mandat, s'étaient arrogés le droit de lui décerner. Ils demandent, ils espèrent le redressement d'un acte arbitraire, la réparation d'une injuste spoliation.

Ces zélés partisans des princes intéressés paraissent guidés, en cette affaire, bien plus par la passion politique que par le désir de donner satisfaction à un intérêt patriotique.

Autant qu'eux, nous sommes ennemi de l'arbitraire, mais aussi le privilége nous rencontrera toujours comme adversaire déclaré ; nous aimons avant tout le droit et la vérité.

Dans la question, si imprudemment soulevée à l'Assemblée, n'y a-t-il donc, en effet, qu'à examiner le point de vue sous lequel on essaie de la présenter ?

Ne peut-on pas la reprendre de plns haut, la discuter dans l'origine même des biens revendiqués ?

Qu'on se demande, par exemple, quels actes ont pu mettre Louis-Philippe, fils de Louis-Philippe-Joseph-Égalité, en possession de l'immense fortune qu'on lui a connue ! Qu'on recherche si les décisions rendues ont été entourées de toutes les garanties qu'exigent les intérêts trop souvent méconnus du Trésor public : si, en un mot, les droits de la nation ont été respectés? Si non, l'Assemblée nationale n'a-t-elle pas à remplir un devoir que les circonstances actuelles rendent plus impérieuses?

Voyons les faits :

Pendant les premières années de la Révolution, Louis-Philippe d'Orléans-Égalité fit de sa prodigieuse fortune un emploi qui contribua « plus que toute autre cause » au renversement du trône de Louis XVI, son parent. Pour la satisfaction de son ambition personnelle, il acheta grand nombre de partisans et de fauteurs de troubles. Mais bientôt ne pouvant plus payer, poursuivi de toutes parts, il réunit ses créanciers, le 6 janvier 1792. A la suite d'un *honteux bilan*, dit un historien, il passa avec eux un concordat par lequel il leur abandonnait tous ses biens. Il a été constaté qu'il avait *74,000,000* de dettes.

Compromis dans la conspiration de Dumouriez, Philippe-Égalité fut, ainsi que sa famille, atteint par le décret d'arrestation rendu, le 3 avril 1793, contre les Bourbons.

Le 16 du même mois, sur la proposition de Bailleul, le séquestre fut mis sur tous les biens de la famille d'Orléans, et, comme les emprunts hypothécaires contractés étaient devenus nationaux, il fut déclaré que l'on réservait les droits des créanciers.

Sur le rapport de Réal, la Convention, dans sa séance du 1ᵉʳ mai

1793, plaça sous la surveilllance d'un agent du Trésor public toutes les opérations relatives à la liquidation et au payement des dettes de Philippe-Égalité, qui seraient faites en exécution du concordat intervenu entre lui et ses créanciers. L'administration des biens devait, d'ailleurs, être continuée par les mandataires des créanciers, dans la forme prescrite par le concordat.

Le *Moniteur* du 23 janvier 1794 renferme un avis de l'un des syndics de la liquidation. Il prévient les créanciers qu'en attendant la décision de la Conventon sur une requête présentée par eux, dans le but d'être exceptés de la loi relative aux émigrés déportés et condamnés, l'union primitive de tous les créanciers a été confirmée en assemblée générale.

En l'an XI, enfin, l'Etat, qui avait reconnu la validité des titres des créanciers, acquitta la plupart d'entre eux, et se trouva substitué à leurs droits. Les sommes payées alors par le Trésor s'élevèrent à 37,470,000 francs.

On sait, d'ailleurs, que la loi du 21 décembre 1790 révoqua toutes les concessions d'apanages antérieures à cette date. Les trois princes dont les apanages étaient supprimés, et parmi lesquels était le duc d'Orléans, devaient recevoir chacun une rente apanagère d'un million sur le Trésor national.

Le principe de cette législation fut admis par la Charte de 1814.

Ainsi, jusqu'à l'époque de la première Restauration, l'Etat, qui avait payé les dettes si considérables de Philippe-Égalité, resta propriétaire légal des biens de la famille d'Orléans.

Les Bourbons rentrés en France, le fils de Philippe-Égalité, celui qui devait se faire appeler Louis-Philippe Ier, avait tenu pendant la Révolution une conduite tellement ambiguë que ce ne fut qu'en tremblant qu'il rentra dans sa patrie. Le repentir qu'il manifesta, l'abjuration qu'il fit de ses *égarements révolutionnaires* décidèrent Louis XVIII à lui pardonner. Il lui fut permis de revenir à Paris avec sa famille ; le roi *paya toutes les dettes* qu'il avait contractées en exil, et ajouta à ces bienfaits la promesse de la restitution de l'ancien apanage d'Orléans.

A la date des 18 et 20 mai, Louis XVIII, usant du pouvoir dictatorial dont il était investi, rendit, en faveur du duc d'Orléans, deux ordonnances, qui ne parurent pas au *Moniteur*, et que l'on trouve rapportées dans la collection Beaudoin.

Par la première, le Palais-Royal et le parc de Mousseaux sont rendus, avec leurs dépendances, au duc d'Orléans.

La seconde est ainsi conçue — « Tous les biens *appartenant* à notre
» très-cher et bien-aimé cousin le duc d'Orléans, qui n'ont pas été
» vendus, soit qu'ils soient régis par l'administration de notre do-
» maine, soit qu'ils soient employés à des établissements publics, *lui*
» *sont restitués.*»

Le 17 octobre suivant, intervint une nouvelle ordonnance plus ex-plicite que la précédente et portant que le duc d'Orléans *rentrait dans tous les biens non aliénés dont son père avait joui, à quelque dénomination que ce soit*. Ainsi, dit M. Michaud, (*biographie de Louis-Philippe*), on remettait au prince tout ce qui avait appartenu à son père, même ceux qui restaient comme gages des créanciers non payés et contre lesquels on invoqua la prescription, de manière que tout fut bien liquidé et dégagé de toute opposition.

Pour l'exécution des précédentes décisions, le Roi avait, le 17 sep-tembre, ordonné la remise, *sans délai*, entre les mains du duc d'Or-léans, *des oripaux, grosses, expéditions de titres, baux, con-trats, donations, testaments, inventaires, partages et papiers terriers déclarations, plans et procès-verbaux d'arrange-ments relatifs aux biens, forêts*, etc. restitués.

Le même jour, le duc d'Orléans s'était mis en mesure de faire exé-cuter cette ordonnance; le même jour, il se fit remettre aux Archives, par l'entremise d'un fondé de pouvoirs, M. Bichet, ancien administrateur des biens de Philippe-Egalité, son père, *cent sept cartons* renfer-mant *dix-sept cent trente-trois pièces* du sein desquelles le nou-veau dépositaire allait faire sortir le germe de plus d'un litige.

Les annales judiciaires de la Restauration, dit en effet M. Sarrans, dans son histoire de *Louis-Philippe et la contre-Révolution*, nous représentent le duc d'Orléans en instance devant les tribunaux de toutes les juridictions, disputant à tout le monde, dès 1814, les débris de ses apanages, de son patrimoine, il plaide contre les acquéreurs des biens nationaux, il plaide contre l'administration des domaines de l'Etat, il plaide contre la ville de Paris, il plaide contre trois cents communes de Bretagne, il plaide contre sa mère elle-même. Voici à cette occasion ce que rapporte M. Michaud :

« De graves difficultés s'étaient élevées entre la duchesse douai-rière et son fils, la décision en fut portée au Roi qui chargea le comte de Bruges de lui faire un rapport. Comme [c'était un homme d'honneur et de probité, les conclusions furent toutes en faveur de la duchesse et une ordonnance royale, qui termina le différent, lui fut portée par le rapporteur lui-même : Je n'ai pas de meilleur moyen, lui dit-elle, de témoigner au Roi la reconnaissance dont je suis pénétrée, que de lui faire connaître mon fils. Dites de ma part à Sa Majesté qu'elle s'en défie.... *c'est un profond scélérat.*» Ces dernières paroles, ajoute le biographe, sont textuelles, et c'est du Comte de Bruges lui-même que nous les tenons. »

Ainsi, par de simples ordonnances rendues en vertu d'un pouvoir contestable, le duc d'Orléans se trouvait remis en possession de propriétés qui le rendaient plus riche qu'il ne l'eût été par la succession directe et immédiate de son père.

Aucune voix ne s'éleva alors pour faire respecter les droits de la nation, pour sauvegarder les intérêts du Trésor.

Voici, cependant, en quels termes un écrivain légitimiste, M. de Lourdoueix, apprécie les décisions royales que nous venons de rapporter :

« Louis XVIII, en prenant le pouvoir constituant, s'était mis au-dessus des lois fondamentales et des institutions traditionnelles. Il crut trouver dans le droit d'octroi, la plénitude de la force. Mais la force individuelle des rois n'est que de la faiblesse. Notre nature étant frappée d'infirmité, il n'y a de puissance pour les princes que dans les lois constituées et dans les institutions, parce que les institutions ont la puissance des principes qui viennent de Dieu. »

..... Sous le prestige de cette illusion d'omnipotence royale, Louis XVIII fut conduit, par sa bonté excessive, à des fautes encore plus funestes, par des ordonnances *qui ne furent même pas publiées dans les formes prescrites*, il rendit à Louis-Philippe d'Orléans *tous ses biens non vendus.*

Or, pour comprendre tout ce qu'il y avait d'abusif dans cet acte d'omnipotence royale, il faut savoir ce que c'était en réalité que ces *biens non vendus*, sur lesquels on reconnaissait, par le mot *restitution*, un droit de propriété à Louis-Philippe.

Ces biens avaient trois origines, et par conséqnent trois natures distinctes : les uns provenaient des apanages donnés par Louis XIII à son fils, chef de la branche d'Orléans; les autres provenaient des apanages accordés par Louis XIV aux deux enfants qu'il avait eus de madame de Montespan, au duc du Maine et au comte de Toulouse, et venus à la duchesse de Penthièvre, mère de Louis-Philippe (1).

« Or, les lois fondamentales de la monanchie portaient qu'à défaut d'enfants mâles les biens apanagers faisaient retour à la Couronne.

« L'autre nature de biens, constituant les prétentions de Louis-Philippe, était patrimoniale ; elle consistait dans les propriétés acquises par ses ancêtres sur leurs revenus ; mais, pour ces biens mêmes, des circonstances particulières infirmaient les prétentions du chef de la famille d'Orléans, *ces biens étaient absorbés par les dettes de son père*. La nation s'était chargée de ces dettes, et les avait en partie payées, faisant à Philippe-Égalité *une pension considérable*.

« Du reste, une loi de la Constituante avait prononcé l'*abolition des apanages princiers* et les avait réunis à la Couronne, remplaçant le principe des dotations par des pensions pour les princes du sang royal.

« Louis XVIII, en décidant par ordonnances que *les biens non vendus* de la famille d'Orléans seraient rendus à cette famille, donnait donc aux biens apanagers le caractère des propriétés ordinaires. Il faisait restituer à la duchesse d'Orléans douairière les apanages du comte de Toulouse et du duc du Maine dont Louis-Philippe hérita depuis. *Il violait en cela les lois fondamentales de la monarchie,*

« Et en rendant à son cousin les apanages d'Orléans *abolis par une loi formelle* et les propriétés territoriales de Philippe-Égalité, *mort insolvable et pensionné par la nation* qui avait pris ses dettes à sa charge, *il violait les actes des assemblées souveraines, lois que sa charte avait reconnues.*

« Il violait à la fois le droit ancien et le droit nouveau pour constituer une fortune supérieure à celle de plusieurs rois de l'Europe, en faveur d'un parent venant de prouver par une seconde rébellion la persis-

---

(1) Les administrateurs des biens d'Orléans ont nié cette origine de la fortune de la duchesse de Penthièvre. Mais ils se sont dispensés de rien produire à l'appui de cette dénégation ; or, *comme tous les documents et papiers relatifs aux biens d'Orléans ont été enlevés des archives par Louis-Philippe,* au moyen d'un ordre obtenu de Louis XVIII, on croyait que les bases d'une discussion sur l'origine de ces biens ne sont pas à notre disposition, et que nous devons nous en tenir à ce qui est de notoriété historique, à ce qui se trouve affirmé par tous es hommes versés dans la science du droit monarchique et de tous les faits qui s'y rattachent.

tance d'une pensée d'usurpation qui avait fait tomber la tête de Louis XVI et plongé la France et l'Europe dans un déluge de sang ! » (*La Révolution c'est l'Orléanisme, brochure publiée en 1852.*)

Le duc d'Orléans fut cependant arrêté, un instant, par la Révolution du 20 mars 1815, dans la multitude de procès que ses agents intentaient de tous côtés. Un décret du 28 de ce mois réintégra aux archives, d'où ils n'auraient jamais dû sortir, les cent sept cartons livrés à l'avidité princière. Mais, après la seconde restauration, le prince fit reprendre les dix-sept cent cinquante-trois pièces et put donner un libre cours à ce que M. de Cormenin appelait : « *La rapacité des gens de cour.* »

Toutefois un point noir troublait la félicité du duc d'Orléans. Louis XVIII n'avait jamais voulu consentir à pourvoir la branche cadette d'une grande fortune indépendante, en faisant consacrer par une loi la restitution de l'apanage que le duc d'Orléans n'avait reçu que du bon plaisir de Sa Majesté. S. A. R. vit dans l'ouverture d'un nouveau règne et dans la fixation d'une nouvelle liste civile, l'occasion la plus favorable pour enlever ce que n'avaient pu obtenir dix ans de sollicitations. Cette question était cependant hérissée de difficultés. Charles X ne demandait pas mieux que d'ajouter ce bienfait à tant d'autres. Mais, sur ce point, l'opinion des chambres différait essentiellement de celle du roi. La droite de la chambre des députés, surtout, repoussait l'apanage et tenait à protester, par un refus, contre les antécédents et les opinions supposées de S. A. R. ; et, si on avait fait de cette dotation une loi spéciale, il est certain qu'elle eut été repoussée par une majorité à laquelle M. le duc d'Orléans était antipathique. Mais Charles X en fit sa propre affaire, et exigea de ces ministres qu'ils insérassent dans le projet de la liste civile une disposition spécialement relative à l'apanage d'Orléans. « La question de la liste civile, dit un historien, n'était pas simple. S'il ne s'était agi que du vote des subsides à l'égard du roi et de sa famille, un tel vote, dans une chambre composée de tant d'éléments royalistes, ne pouvait souffrir de grandes difficultés ; les suffrages devaient être enlevés d'enthousiasme ; mais le nouveau roi, toujours si bienveillant pour la maison d'Orléans, avait pris l'engagement, avec son cousin, de faire sanctionner son apanage par une loi. Toute la fortune de S. A. R. ne reposait jusqu'alors que sur une simple ordonnance. Louis XVIII avait toujours refusé cette haute indépendance d'une propriété irrévocable. Le duc d'Orléans obtint tout de Charles X. »

« Le roi fit, en effet, appeler aux Tuileries les députés les plus intraitables, il les prévint qu'ils le blesseraient personnellement s'ils rejetaient l'article particulier au duc d'Orléans, et qu'il considérait comme une insulte envers sa famille, toute attaque qui, dans la discussion de la liste civile, serait dirigée contre les antécédents d'un prince dont *la fidélité et le dévouement* n'étaient plus douteux. Cependant une imposante minorité se prononça contre l'article 5 qui reconnaissait légale la restitution des biens rendus à la branche d'Orléans, jusqu'à extinction de sa descendance mâle, auquel cas l'apanage ferait retour au domaine de l'État. Cette disposition ne passa qu'à une très-faible majorité ! (SARRANS. — *Louis-Philippe et la contre-révolution.*)

Voici, d'un autre côté, les réflexions que cette seconde phase de la question des biens de la famille d'Orléans inspire à M. de Lourdoueix. « La générosité est sans doute une vertu chez les princes comme chez les particuliers, mais la générosité des rois ne doit pas s'exercer au préjudice du repos et du bonheur de leur peuple. Elle perd son nom quand elle viole les *lois de l'Etat,* qui sont supérieures aux monarques, puisque c'est dans ces lois, œuvres de la sagesse des siècles, qu'ils puisent leur droit et leur pouvoir.

« Avant d'être généreux, les rois sont tenus d'être justes, et la justice n'est pas seulement gracieuse et souriante pour l'innocent, elle doit être terrible et sévère pour les coupables.

« Les princes qui laissent échapper de leur écusson la main de la justice voient bientôt tomber leur sceptre. Cet aphorisme, si vrai en théorie, a été une vérité de fait pour nos derniers Bourbons. Plus ils couvraient de leur souveraineté *la perversité de leur cousin,* plus la royauté s'affaiblissait en eux ; plus la justice défaillait dans leur cœur, moins ils étaient rois !

« *En dépouillant le domaine de l'Etat* pour enrichir la branche d'Orléans, ils amoindrissaient la Couronne au *profit de l'usurpation,* jusqu'au jour où elle fut en position de leur dire comme Tartuffe à Orgon :

La maison est à moi, c'est à vous d'en sortir !

« Par malheur pour la France, Charles X, à son avénement au trône, poussa plus loin encore que Louis XVIII la générosité absurde dont ce dernier prince avait usé à l'égard de son parent rebelle. Louis-

Philippe était trop astucieux pour s'aveugler sur la légitimité des biens dont il avait obtenu la possession. Il savait, comme tout le monde, *que les ordonnances royales ne pouvaient aliéner le domaine de l'Etat*, auquel les apanages avaient été réunis par une loi formelle, ni autoriser la restitution des biens qui avaient servi à payer, en partie, les dettes de son père. Il avait donc obsédé de ses sollicitations le gouvernement de Louis XVIII, pour obtenir que ces ordonnances fussent ratifiées par une loi votée par les deux Chambres. *Mais la condescendance du roi s'était arrêtée devant l'impossibilité de trouver dans la Chambre des Députés une majorité qui voulut sanctionner ces abus,*

« L'ouverture du nouveau règne et l'intervention de la Législative pour fixer la liste civile à Charles X parut au duc d'Orléans une occasion excellente d'escamoter au Parlement la ratification des ordonnances de Louis XVIII.

« Le nouveau roi se prêta complaisamment à cette combinaison assez humble de l'Orléanisme, et l'on put dire alors que *la Révolution faisait la contrebande dans les carrosses du roi.*

« Le cœur de Charles X était alors ouvert à cette libéralité de joyeux avènement qui veut noyer tous les ferments de discorde dans un océan d'amour. Il mit *sa volonté royale au-dessus des remontrances de ses minitres* ; il *exigea* de ses amis la complaisance aveugle dont il était lui-même animé. La loi fut votée sans amendement, mais *non sans une opposition raisonnée* qui honore l'indépendance comme la sage prévoyance des orateurs qui prirent part à cette discussion et parmi lesquels M. le baron Dudon se distingua par cette fermeté de langage et par cette science du droit public français dont les précieuses traditions, conservées dans l'esprit national, semblent se perdre chaque jour parmi les hommes parlementaires. »

L'article 4 de la loi qui fut votée le 15 janvier 1825 est ainsi conçu :

« Les biens restitués à la branche d'Orléans, en exécution des ordonnances royales des 18 et 20 mai, 17 septembre et 7 octobre 1814, et provenant de l'apanage constitué par les édits de 1661, 1672 et 1692, à *Monsieur*, frère du roi Louis XIV, pour lui et sa descendance masculine, continueront à être possédés, aux mêmes titres et conditions par le chef de la branche d'Orléans, jusqu'à l'extinction de la descendance mâle, auquel cas ils feront retour au domaine de l'État. »

C'est à l'occasion de la discussion de cette loi que M. Dnpin, aîné, célèbre défenseur du duc d'Orléans, fit son traité sur les apanages. Cet avocat avait grand besoin, alors, de démontrer que non-seulement le prince était de la famille royale, mais encore qu'il était prince du sang ; il trouvait étranges les susceptibilités des contradicteurs qui blâmaient Charles X d'avoir rapproché de lui la branche d'Orléans et donné à ses membres le titre d'*Altesses royales.*

M. Dupin commentait, alors, avec un soin sans pareil, les lois traditionnelles de la monarchie légitime ; il faisait bon marché des lois de la révolution et devint pour ainsi dire le champion déterminé de la légitimité. Son zèle l'emporta jusqu'à établir, par une généalogie spéciale, que la famille d'Orléans remontait à St-Louis. Il est prêt même à démontrer que Louis-Philippe est l'héritier direct et légitime de ce roi. On le voit, ces avocats sont capables de tout.

Mais la loi du 15 janvier 1825 ne devait pas être le dernier acte de la faiblesse de Charles X. Ce fut encore à sa sollicitation près du conseil d'Etat, et contrairement à la volonté de M. de Villèle, que le duc d'Orléans fut admis pour plus de *dix-sept millions* dans le partage du *milliard* voté, le 17 avril 1825, en faveur des émigrés. M. de Villèle avait en vain représenté au roi que les biens de Philippe-Egalité avaient été légalement acquis par l'Etat, moyennant le remboursement des créanciers de ce prince.

Voici par départements les prélèvements du duc d'Orléans sur le milliard :

	fr.	c.		fr.	c.
Ardennes	289.209	60	Manche	72.122	43
Aube	10.800	»	Marne (Haute)	1.515.221	54
Côtes-du-Nord	333.138	81	Oise	254.251	80
Côte-d'Or	46.686	15	Orne	134.168	00
Eure	1.696.130	93	Seine	3.777.715	10
Eure-et-Loir	1.871.026	28	Seine-Inférieure	804.644	90
Indre-et-Loire	1.083.258	52	Seine-et-Marne	2.851.963	99
Loir-et-Cher	102.403	16	Seine-et-Oise	345.247	20
Loiret	549.613	32	Somme	1.442.132	64

Total pour les 18 départements : 17,169,734 67.

Si l'on ajoute à cette somme :

1° 26 millions, évaluation au minimum des domaines restitués à la duchesse-douairière et réunis, depuis la mort de cette dernière, aux biens de la famille d'Orléans ;

2° La somme payée par l'Etat, en l'an XI, aux créanciers de Philippe-Egalité, s'élevant, comme on l'a vu, à 37,740,000 francs ;

3° La valeur des biens patrimoniaux non vendus, restitués par le bon plaisir de Louis XVIII, et estimée de 50 à 60 millions ;

4° Enfin, le produit de l'apanage d'Orléans dont le revenu a été porté à 2,523,000 francs, ce qui donne 83,259,000 francs, pour trente-trois années de jouissance.

On arrivera à un total de plus de DEUX CENTS MILLIONS reçus, depuis 1815, par la famille d'Orléans, au préjudice du domaine national, au préjudice du Trésor public, dont une partie même a été puisée dans la bourse des contribuables,

Ainsi, à la suite de nos désastres de 1814, le fils de Philippe-Egalité fut admis à rentrer en France, après un exil de vingt années. A l'exemple de son père, il a été successivement jacobin et conspirateur, puis il devint transfuge ; un instant même, il porta les armes contre son pays. Son existence fut longtemps misérable ; Louis-Philippe, dit M. Guizot dans *ses Mémoires*, aimait à rappeler le temps *où il avait été un pauvre diable vivant à quarante sols par jour*. A peine eut-il posé le pied sur le sol de sa patrie qu'il ne songea qu'à assouvir sa cupidité, à satisfaire son ambition. Il trouva, pour l'aider, la faiblesse de deux rois qui, au mépris des lois existantes, par d'indignes intrigues et sans souci des intérêts de l'Etat, le remirent en possession d'une fortune inespérée. Et quelle législation invoquèrent alors les avocats de Philippe d'Orléans? La législation et les principes de la monarchie traditionnelle et légitime ; pour leur défense, on déploya le zèle le plus ardent, on sut trouver les avocats les plus convaincus. Ce zèle et ces accents, on les vit reparaître en 1830, mais pour repousser les mêmes principes devenus des obstacles à l'accomplissement des actes prémédités par l'avidité de la nouvelle royauté.

Le fils de Philippe-Egalité avait su, d'ailleurs, manœuvrer avec une habileté sans pareille pour arriver à satisfaire ses vues ambitieuses. Après avoir servi de centre et de foyer à une conspiration permanente, il rampa comme un reptile à travers les bienfaits dont l'avaient comblé les princes, chefs de sa race et ses parents , et il parvint à saisir la couronne, pour ainsi dire, sur le berceau du dernier rejeton de ses bienfaiteurs. C'est ainsi qu'il aecomplit le tour de gobelet de 1830.

De nos jours, au lendemain de nos récents désastres, les descendants de Philippe d'Orléans, après vingt-trois années d'exil, sont, comme leur père et leur aïeul, en 1814, admis à rentrer dans leur patrie. Comme lui, ils manifestent, pour première pensée, une pensée de cupidité! La famille qui, depuis la Restauration, a passé pour la plus riche de l'Europe; qui, suivant la parole d'un député, à la tribune de 1844, possédait un domaine dépassant la somme fabuleuse de 571 MILLIONS, cette pauvre famille songe à quelques lambeaux réintégrés dans le domaine national dont ils avaient été détournés. Ses partisans ne parlent de l'*odieuse confiscation de 1852* qu'avec la plus *vive indignation*; les princes, s'écrient-ils, ont été victimes de l'arbitaire, victimes de la spoliation!

L'arbitraire et la spoliation! Nous les voyons dans les actes par lesquels Philippe d'Orléans a été mis en possession d'une fortune perdue par la débauche et les conspirations.

Nous voyons l'arbitraire dans les ordonnances de 1814, remettant au duc d'Orléans les biens patrimoniaux devenus la propriété incontestable de l'État.

Nous voyons l'arbitraire dans les ordonnances qui ont relevé l'apanage du duc d'Orléans, aboli par les décrets de l'Assemblée constituante.

Nous voyons l'arbitraire dans les intrigues parlementaires de 1825, dans la pression exercée par Charles X sur la Chambre de cette époque, afin d'obtenir le vote d'une loi qui, dans ces circonstances, eût été impitoyablement rejetée.

D'ailleurs, est-ce que la restitution des biens de Philippe-Égalité ne constitue pas une spoliation du domaine national ?

Est-ce que le rétablissement de l'apanage n'a pas été fait au préjudice de l'État?

Est-ce que la remise à la duchesse-douairière des apanages du duc du Maine et du comte de Toulouse (1), qui, conformément aux

---

(1) On assure que ces apanages ont été compris dans la donation du 7 août 1830.

édits d'érection, avaient fait retour à l'État, à la mort du duc de Penthièvre, n'a pas été une autre spoliation ?

Enfin, est-ce que l'indemnité puisée dans la bourse des contribuables et accordée à Philippe d'Orléans, sur le milliard des émigrés, ne constitue pas une spoliation du Trésor public ?

Et l'on nous parle de confiscation, quand sous le mot de RESTITUTION, des rois ont pu dissimuler la confiscation la plus flagrante, la confiscation d'une partie du domaine national au profit d'une famille princière !

La confiscation, nous dit-on, doit être rayée de nos codes. Soit ! Mais alors commençons par la rayer dès le jour où elle a fait son apparition dans notre code politique ; révisons les pièces, alignons les chiffres et établissons la balance des comptes que la nation est en droit d'exiger.

On a dit aussi que « recourir à l'histoire et remonter le temps pour se livrer à une enquête sur la formation et le développement des fortunes est un procédé déloyal. » Singulier argument, surtout sous la plume d'écrivains qui se proclament républicains, et qui n'aboutirait à rien moins qu'à interdire la recherche des détournements, des spoliations et du vol. Et quoi ! contre la vérité historique, authentiquement constatée, nous serions contraints d'accepter l'insolence du fait accompli ! Contre les documents les plus incontestables, nous verrions prévaloir les actes les plus illégaux ! Suivant cette théorie, il faudrait admettre que les intérêts des princes sont au-dessus de la puissance des lois, au-dessus des droits de la nation ; que les gouvernements peuvent être impunément injustes, et qu'enfin si Louis XVIII a pu dépouiller le domaine de l'État, il pouvait aussi bien dépouiller le premier citoyen venu pour enrichir qui bon lui semblait.

Mais ni les phrases indignées, ni les susceptibilités de langage ne pourront détruire la vérité des faits attestés par l'inflexible histoire. Ces faits, il appartient à l'Assemblée nationale de les rappeler au Gouvernement. Son devoir, à cet égard, est devenu une impérieuse nécessité, en présence de l'événement qui vient de se produire à Versailles, et qui prouve que les princes d'Orléans ont su garder toutes les *vertus* de leur aïeul Philippe-Égalité et de leur père Louis-Philippe. « On ne tend plus humblement la main, dirons-nous avec la *Réforme* de 1844 ; on la lève avec un geste impérieux, pour attester l'équité, la justice ; intimider les uns, déconcerter les autres, et faire que tant d'audace profite à tant d'avidité.

« De l'audace, toujours de l'audace, disaient nos pères pour aller à l'ennemi ; on se le dit aujourd'hui, pour battre monnaie. »

On va mettre en œuvre tous les moyens pour frauder les principes. Aussi dirons-nous à l'Assemblée nationale : Défiez-vous des habiletés parlementaires qui, toujours à côté de la vérité, ne peuvent se soutenir que par des stratagèmes et des sophismes. Défiez-vous de ces orateurs qui, avec une insinuante fourberie vous accablent d'éloges pour mieux cacher les pièges tendus à votre loyauté. Défiez-vous de ces hommes politiques qui, avec une audace pleine d'impudeur, proclament la souveraineté du peuple et en foulent aux pieds les premiers principes. Défiez-vous, enfin, de ces hommes d'État qui se disent nécessaires et dont le drapeau, comme l'a dit Cormenin, à un peu de rouge, un peu de bleu et un peu de blanc ; mais qui n'est ni rouge, ni bleu, ni blanc.

En vous affranchissant de la dépendance dans laquelle on va essayer de vous retenir, vous prouverez que les lois éternelles de la justice et de la morale ne sont pas éteintes chez tous les hommes. Vous rapellerez au Gouvernement qu'avant de s'occuper du supperflu des uns, il faut assurer le nécessaire aux autres ; que si, à une époque de notre histoire, les lois ont été impunément violées, si l'autorité s'est avilie pour engraisser le privilége et assouvir la cupidité d'une famille, la Nation dont vous êtes les représentants a le droit de demander compte de la gestion de ses domaines et de l'emploi des deniers du Trésor.

Vous ne voudrez être ni dupes, ni coupables envers le pays ; vous ne consentirez pas plus à la spoliation du domaine national qu'on espère vous arracher, qu'à l'escamotage de la souveraineté populaire, auquel pousse de nouveau le vieux parti doctrinaire. D'après la décision que vous allez rendre, la France saura si elle doit voir en vous la chambre royaliste de la Restauration ou les représentants de la République française.